AF341100

LES QUAKRES FRANÇOIS,

OU

LES NOUVEAUX TREMBLEURS,

COMEDIE.

A UTRECH;

Chez HENRYK KHYRKS le jeune,
ruë du Change.

M. DCC. XXXII.

A V I S.

ON a donné dans cette Comedie le nom d'*Abbé du Sault* à celuy qui en fait le principal sujet. La décence demandoit qu'on diffimulât fon vrai nom, par égard pour la refpectable famille qui le porte.

Quant à fa perfonne, l'Abbé du Sault auroit tort de fe plaindre d'être mis fur la fcene, luy qui s'eft donné pendant fix mois en fpectacle à tout Paris, pour ne pas dire à toute la France. C'eft la moindre reparation qu'il doive au public pour l'avoir joué fi long-tems, que de fouffrir de bonne grace d'être joué luy-même à fon tour.

Le deffein qu'on luy fait imaginer dans la Piece, d'avoir à gages des Affociez de Convulfions & de Saults, peut bien n'être pas de fon invention ; mais ce projet eft réel, & de quelque part qu'il foit venu, on ne fçauroit préfumer qu'il n'en foit pas au moins complice. L'Auteur a pû fe croire fuffifamment autôrisé par là à le luy attribuer, & à le faire inftituteur de la

A 2

Troupe des Sauteurs & des Convulſionnai-
ſionnaires, comme il en eſt le modele.

Le but de cette Comedie eſt de faire
ſentir les impoſtures du Parti Janſeniſte
dans les Maladies & les Convulſions ſuppo-
ſées. La ſuppoſition étant notoirement a-
verée, l'art du Théatre a permis de former
ſur ce fonds des divers Perſonnages, & de
compoſer les Rôles des Acteurs ſelon les
regles de la vrai-ſemblance.

De ce qu'on ne voit ici ſur la ſcene que
des Malades, que des Sauteurs & des
Convulſionnaires gagez, il ne s'enſuit pas
qu'on n'en ait vû que de cette eſpece au
Tombeau du Sieur de Paris; une ſorte de
bonne foi y a conduit une foule de vrais
Malades, ſeduits par les Partiſans du pré-
tendu Saint. Il y a eu ſans doute des Sauteurs & des Convulſionnaires que le ſeul
intereſt de la Secte avoit engagez à y jouer
cet indigne rôle. Il peut y en avoir eu qui
ne ſe ſoient propoſé que le plaiſir d'impoſer à une credule populace. Peut-être quelques-uns y ont-ils porté un fonds de
convulſions veritables, ou une imagination
propre à en contracter la maladie.

On ne craint point de mettre ſur le
Theatre le courage heroïque des Martyrs :

pourquoi craindroit-on d'y mettre la four-
berie, l'impieté & le ridicule qui deshono-
rent la Religion? N'est-il pas important
d'inspirer le mépris & l'horreur du vice,
comme l'estime & l'amour de la vertu.
On ne sçuuroit donc trouver à redire au
sujet de cette piece, qu'autant qu'en la
traitant on y auroit manqué aux précau-
tions & aux bienséances qu'elle exige.

ACTEURS.

Monsieur l'Abbé DU SAULT.
M. DE BONNEFOY, Prê-
tre, Janseniste.
M. HABLADOR, Medecin.
M. LE COMTE DE REINVILLE, Jan-
seniste, riche & dévot.
FRANÇOIS, Valet de M. de Bonnefoy.
PROVENÇAL, Valet de M. du Sault.
PICARD, Valet de M. le Comte de
Reinville.
UN CARDEUR.
UN PEINTRE.
UN FRUITIER.
UN CHARBONNIER.
UN CROCHETEUR.
UN PORTEUR D'EAU.

La Scene est à Paris, aux environs de
S. Medard.

LES QUAKRES

FRANCOIS

OU

LES NOUVEAUX

TREMBLEURS,

COMEDIE.

ACTE I.

SCENE PREMIERE.

M. DU SAULT, M. HABLADOR.

M. DU SAULT.

AH, Monsieur, je vous trouve ici bien
à propos. Car je crois parler à Mr
Hablador, & que c'est vous qui avez persua-
dé à M. de Bonnefoy, que le meilleur remede à mon incommodité étoit de m'as

sujettir quelque tems à faire des mouvemens forcés & des contorsions violentes

M. HABLADOR.

Ouï, Monsieur, c'est moi-même : car je
crois aussi que c'est à M. du Sault que j'ai
l'honneur de parler ?

M. DU SAULT.

La plaisante imagination que vous avez
eu là !

M. HALBADOR.

Imagination. Voilà ce que c'est que de
juger des choses qu'on n'entend pas. Je veux
raisonner quelque jour un peu à fond avec
vous de Medecine. Je vous démontrerai,
je dis démontrerai, par les principes les
plus évidens de l'Anatomie que par mon
Remede vous devés infailliblement, vous
devez necessairement guerir.

M. DU SAULT.

Et que me pourriez-vous dire, Monsieur, que je n'aye lû déja dans un Ecrit
fait depuis peu sur ce sujet ? Ne seroit-ce
pas vous peut être qui l'auriez composé,
ou qui en auriez fourni les materiaux ?
On y parle d'abord de cent choses inutiles,
& que tout le monde sçait déja ; de la cir-
culation du sang, des deux cavités du
cœur par où il entre & ressort, de la grande aorte des veines pulmonnaires, des
vaisseaux capillaires, & tout le reste.
Mais voici ce qui me regarde, l'accroisse-

ment du corps fe fait par le gonflement &
l'allongement de chacune de fes parties.
L'agitation violente & précipitée, des bras
fur tout & des cuiffes, le foulevement & le
rabaiffement fubit de l'eftomach & des
reins, mettent le fang dans un mouvement infiniment vif, lequel ne peut manquer de gonfler....

M. HABLADOR.

J'entends. Je fçay ce que vous avez lû,
& vous ne trouvez pas que l'Auteur y rai-
fonne bien ?

M. DU SAULT.

Trop bien peut-être, car les mouvemens
outrez allongeant & groffiffant ma jambe
courte & maigre, ne pouroient-ils pas auffi
allonger & groffir outre mefure ma bonne
jambe & mes deux bras, & gonfler leurs
vaiffeaux jufqu'à les faire éclatter & crever?
ce feroït bien là une autre hiftoire : Mais
laiffons cela, Monfieur Hablador, je ne
fçaurois goûter vos fçavans raifonnemens
contre mon experience & une experience
déja affez longue.

M. HABLADOR.

Qu'appellez-vous vôtre experience ?

M. DU SAULT.

Le voici. J'entendois parler chaque jour
à nos bons amis du faint homme M. de Paris, & de fes frequens Miracles. Anne le
Franc, le Sourd & muet de la ruë Charon-

ne , la Cul-de-jatte du Plat d'Etain, la Cha-
peliere des Jesuites , le jeune Espagnol , &
cent autres qu'on disoit gueris , m'avoient
frappé. J'étois boitteux : l'envie me prit
de marcher droit. Long-tems j'allai faire
ma priere au Tombeau du bienheureux
Diacre. On m'avoit promis une guerison
subite ; rien ne venoit. On voulut , & ce
fut , comme je crois , par vôtre conseil ,
que j'aidasse le Saint par des mouvemens
violens. J'eus la folle complaisance d'en
faire , & plus apparemment qu'on n'en at-
tendoit. J'y ai gagné bien de la fatigue :
c'est tout ; & aprés plus de trois mois
d'exercice , je me trouve comme le premier
jour , aussi boiteux , la jambe aussi seche &
aussi courte que jamais. C'est , Monsieur ,
ce que j'appelle mon experience.

M. HABLADOR.

Mais n'ai-je pas ouï dire pendant un certain tems que vôtre jambe grossissoit & s'al-
longeoit ?

M. DUSAULT.

Franchement , mon cher Monsieur , ce
que j'ai avancé sur ma guerison n'a été
qu'un jeu de mon imagination , & que l'effet d'une vaine confiance dans vos doctes
découvertes : Peut-être aussi , car il faut
tout dire , n'étois-je pas fâché de flatter la
credulité du public. Et à cela , que gagné-
je ? de la confusion.

M. HABLADOR.

Vous comptez donc pour rien les ap-plaudiſſemens que tant de gens de tous les ordres vous donnent ? Vous voyez avec quelle impatience une nombreuſe Compagnie vous attend chaque jour ; comment on ſe range en haye des deux côtés pour vous faire un libre paſſage ; quelles demonſtrations d'eſtime , de reſpect , & d'admiration même , paroiſſent peintes ſur les viſages ; le zele aſſidu de ces gens gagez pour vous ſoutenir , & vous faire debattre ſans danger & plus à l'aiſe; cette troupe de pieux Eccleſiaſtiques & de femmes devotes qui accompagnent vos ſaults du chant des Pſeaumes.

M. DU SAULT.

Mais pour des troupes de ſots qui m'ap-plaudiſſent , combien y a-t-il auſſi de gens ſages qui me regardent en pitié & avec indignation ? Je ſçai ce qui m'en revient , & ce que j'en apperçois moi-même depuis bien du tems. Et de chez moi , ne m'écrit-on pas que ma famille voudroit me tenir , & qu'elle ne parle de rien moins que de me faire enfermer pour le reſte de mes jours ? Je ſuis fou , diſent-ils , je les deshonore. Suis-je même ici trop en ſureté ? Oſerois-je me répondre que quelque beau matin on ne m'enlevât pour me loger , que ſçai-je , à S. Lazare peut-être , ou même aux

Petites Maisons. Monsieur Hablador , ce
seroit là le fruit de vos conseils.

M. HABLADOR.

Eh , Monsieur , un peu plus de courage
& de perseverance. Vôtre âge déja trop
fait empêche apparemment que vous ne
gueriffiez si vîte. Mais redoublez de dévo-
tion & d'efforts , sur mon ame vous gue-
rirez enfin.

M. DU SAULT.

Sur mon ame , moi , je n'en crois rien.
Mais vos malades vous attendent peut-être
avec impatience , & moi j'ai une affaire
pressante qui m'appelle. Je vous donne
le bon jour.

SCENE II.

M. DU SAULT *Seul.*

PArbleu Monsieur de Bonnefoy , avec
tout vôtre zéle pour la bonne cause ,
vous vous seriez bien passé de me jetter
dans ce l'abyrinte. On ne laisse pas d'être
scandalisé de voir un homme de mon âge
& de mon état , se voüer aux Saints pour
avoir la jambe un peu mieux faite ; au
fond est-ce pour cela qu'on doit demander
à Dieu des Miracles ? En serai-je plus
utile à l'Eglise ? A quoi cela peut-il me

fervir, finon à paroître dans le monde avec plus d'agrément ? Mais le mal eft fait : il s'agit de fortir de ce mauvais pas... N'aller plus au Tombeau, il me faudroit un prétexte honnête... Qu'un ordre de la Cour viendroit ici à propos ? Mais on fent mon embarras, & on n'a garde de m'en tirer... Si je faifois le malade ? Oüi, mais je décrédite mon Saint... C'eft donc une neceffité de continuer. Mais on fe laffera à la fin de mes Convulfions, fur tout fi je fuis le feul à en avoir... En attendant quelque débouché, voyons fi je ne pourrois pas me donner quelques affociez : cela feroit au moins diverfion.. Il faut que je confulte M. de bonne Foi, Frappons : mais fera-t-il levé ? Voyons toûjours. *Il frappe.*

SCENE III.

M. DU SAULT, FRANCOIS.

FRANCOIS.

Que voulez-vous Monfieur ?

M. DU SAULT.

Parler à Monfieur de Bonnefoi.

FRANCOIS,

Il faut que vous ayez la bonté d'atten-

dre. Il est en priere, & il n'aime pas d'ê-
tre interrompu alors.

M. DU SAULT.

Va pourtant lui dire que Mosieur du
Sault le demande, & qu'il n'a point le
tems d'attendre.

FRANCOIS.

Eh ! c'est vous Monsieur ! A quoi donc
pensé-je moi ? je croy que j'ay la berluë.
Excusez, Monsieur, je n'ay pas encore
les yeux bien ouverts.

SCENE IV.

M. DU SAULT *Seul*.

CE Valet est plaisant ? Je connois
mieux que lui Monsieur de Bonnefoi ;
& je sçais à quoi m'en tenir sur ses orai-
sons, & sur ses autres vertus.

SCENE V.

M. DE BONNEFOY,
M. DU SAULT.

M. DE BONNEFOY.

BOnjour Monsieur. Franchement j'étois
encore au lit, quand vous avez frappé.

M. DU SAULT.

Je m'en doutois presque , je suis morti-
fié d'avoir interrompu vôtre sommeil.

M. DE BONNEFOY.

Le mal n'est pas grand. J'en serai quitte pour faire aujourd'hui la méridienne un
peu longue : Eh bien , comment va la
Jambe ? se guerit-elle ? Qu'est-ce que c'est ?
Elle me paroit encore bien mince.

M. DU SAULT.

C'est pour cela même que je viens vous
voir. Je suis las du remede que vous m'a-
vez indiqué. Entre nous il n'a nul effet.

M. DE BONNEFOY.

On m'a cependant assuré qu'il devoit
réüssir : & ce sont gens fort habiles dans
l'Anatomie. N'est-ce pas aussi que vous
vous menagez un peu dans vos saults, &
dans vos contorsions ?

M. DU SAULT.

Je ne m'épargne assurément pas ; tout
le monde le voit assez.

M. DE BONNEFOY.

Mais avez-vous soin aprés chaque exercice , de vous faire frotter & essuyer dans
un lit bien chaud , & d'appliquer tous les
soirs sur vôtre Jambe quelque bon topi-
que émolliant ?

M. DU SAULT.

Je fais tout cela , & cependant rien
n'avance. De plus, le rôle que vous me

faites joüer, me fait toûjours peine, &
je le quitterois volontiers fous le moindre
prétexte. Car dans le fond , n'eſt-il pas
contre toute forte de bonne foi de faire
enviſager mes prétenduës Convulſions
comme furnaturelles , & de vouloir donner pour miraculeuſes une guerifon , dont
je ſerois redevable aux conſeils & aux re-
medes ſeuls des Medecins ?

M. DE BONNEFOY.

Eſt-il poſſible que cela vous embarraſſe
après ce que je vous ai tant dit ? Car,
à quoi tendent ces innocens artifices , ſi
ce n'eſt à faire triompher la verité. Peut-il
être deffendu d'en impoſer en quelque ſorte aux peuples , pour les obliger à s'atta-
cher aux veritez qu'ils ne peuvent ignorer
fans ſe perdre ? En trompant charitable-
ment leurs yeux corporels , on leur fait
ouvrir à la verité les yeux de l'eſprit. Ainſi,
Monſieur , plus d'inquiétude , je vous en
prie , fur tout cela.

M. DUSAULT.

Au moins , ſi vous voulez que je continuë , il faut neceſſairement que vous me
trouviez quelque Compagnon , & , s'il ſe
peut , pluſieurs , qui ſçachent imiter mes
mouvemens ? De tant de gens qui viennent
prier au ſaint Tombeau , il eſt ridicule , &
même ſcandaleux , que je ſois le ſeul à
avoir des Convulſions , dont entre nous je
m'apperçois

m'aperçois qu'on se lasse , pour ne rien dire de plus.

M. DE BONNEFOY.

Vous avez raison ; & je suis surpris que cette reflexion m'ait échapé. Mais il est tems encore. Cherchons ensemble le moyen d'avoir des gens qui vous ayent vû en action, & qui ayent de la disposi‑tion pour vous contrefaire.

M. DU SAULT.

S'il étoit sûr d'en loüer... Mais...

M. DE BONNEFOY.

Pourquoi non ? Je trouve moi cét expe‑dient assez bon. J'ai bien déja engagé une femme à être muette huit jours. Elle doit même venir chercher aujourd'hui son argent.

M. DU SAULT.

C'est qu'avec ces sortes de gens, on ne peut gueres compter sur le secret.

M. DE BONNEFOY.

L'argent fait tout. Au reste s'ils vien‑nent à y manquer , nous n'aurons qu'à dire que ce sont des gens subornez par les Jesuites pour nous décrier : tout est cru contre ces gens-là.

M. DU SAULT.

Mais cela coûtera. Car pour bien faire , il faudroit des gens & des Contorsions de toutes les especes.

B

M. DE BONNEFOY.

La dépense n'est pas ce qui m'embarrasse. J'ay la bourse de Monsieur le Comte de Reinville à ma disposition. Il me doit rendre une visite aujourd'hui. Voici même à peu près son heure. Laissez moi faire, nous aurons des fonds, & tout ira bien… J'entends quelqu'un, je crois… seroit-ce déja luy !.. C'est lui-même.

SCENE VI.

M. DE BONNEFOY,
M. DU SAULT,
M. LE COMTE DE REINVIILLE.

M. LE COMTE *à M. de Bonnefoi.*

J'Ay l'honneur, Monsieur, de vous souhaiter le bon jour.

M. DE BONNEFOY.

Vôtre très-humble serviteur, Monsieur.

M. LE COMTE.

Et la santé,

M. DE BONNEFOY.

Ma santé est toûjours meilleure qu'elle ne devroit être. Un aussi grand pecheur que moy, doit moins penser à sa santé, qu'à faire penitence.

M. LE COMTE.

Le bien de l'Eglise demande que vous

moderiez ces sentimens. *Il se tourne vers M. du Sault.* Que vous en semble, Monsieur : Ne sont-ils pas un peu outrés ?

M. DU SAULT.

Mais enfin il faut bien faire penitence.

M. LE COMTE.

Il est vrai : mais une penitence comme celle de Monsieur ! Elle passe assurément les bornes. Jeûner presque toute l'année, ne prier jamais que prosterné contre terre ! Et combien d'autres choses dérobe-t-il à nôtre connoissance ?

M. DE BONNEFOY.

Dans des tems aussi tristes que ceux-ci, on ne peut trop gémir, ni trop s'efforcer de fléchir le Ciel par ses larmes.

M. LE COMTE.

Mais les affaires sont en meilleur état que jamais. La multitude des miracles...

M. DE BONNEFOY

Que dites-vous là ? Les affaires n'ont jamais été si mal. Les fidéles retirés à Utrech sont dans la plus grande necessité ; un nombre de saints Ecclesiastiques restés en France sont en danger de trahir la verité faute du necessaire.

M. LE COMTE.

Je l'ignorois. Vous sçavez que je me suis fait jusqu'à present un devoir de seconder vôtre zele. J'espere, avec la grace de Dieu, soûtenir jusqu'à la mort la verité persecutée. Dès avant midi je vous envoye un fac de mille francs ; & en moins de quinze jours d'ici, je vous en fais toucher un fecond.

M. DE BONNEFOY.

Quel magnanimité ! quel oubli de foi-même ! Beniffez, grand Dieu, ce zelé protecteur de vos Elûs. Allez, Monfieur, en toute confiance faire vôtre priere au faint Tombeau. L'Ami de Dieu que vous allez invoquer, ne fçauroit refufer fon interceffion à un homme auffi affidu à l'honorer.

M. LE COMTE.

Je fuis veritablement penetré de la plus fenfible joye, en voyant chaque jour les grands & les petits venir en foule reverer fes cendres. Je fuis fur tout attendri, en voyant les miraculeufes Convulfions, dont il récompenfe la perfeverance de Monfieur. *Il fe tourne vers Monfieur du Sault.*

M. DU SAULT.

Ce font des faveurs du Ciel, aufquelles je n'avois pas lieu de m'attendre. Dieu veuille feulement que mes pechez n'en interrompent pas le cours.

M. LE COMTE.

Ne doutez pas Monfieur, que le Ciel ne couronne enfin vôtre conftance par une guerifon parfaite ; & ne confonde par vous les ennemis de la verité.

SCENE VII.

M. DE BONNEFOY, M. DU SAULT.

M. DU SAULT.

DEux mille livres ! Que ce Monfieur le Comte a l'ame noble ! Voilà de quoi nous tirer d'embaras. Je vous laiffe arranger toutes chofes.

M. DE BONNEFOY.

Dès cet après midi, je vous réponds que vous aurez des Compagnons.

SCENE VIII.

M. DE BONNEFOY, FRANÇOIS.

M. DE BONNEFOY.

FRançois, François.

FRANÇOIS.

Que voulez-vous, Monfieur ?

M. DE BONNEFOY.

Ç,a, François, je t'ai toûjours connu pour un garçon d'efprit. Il faut que tu te fignales aujourd'hui. Au refte, c'eft pour fervir la verité.

FRANÇOIS.

Il n'y a rien que je ne faffe pour vous & pour elle : de quoi s'agit-il ?

M. DE BONNEFOY.

Il faut que tu trouves pour cet aprés midi des gens, qui s'engagent à aller imiter Monſieur du Sault. Il faut bien choiſir ton monde : tu le ſens aſſez. Je compte ſur toi, François ; on ſera bien payé : Monſieur le Comte doit m'envoyer aujourd'hui mille francs, & mille autres dans quinze jours. Ainſi ai nous de bons Sauteurs.

FRANÇOIS.

Cet après midi ? c'eſt bien-tôt, pour en avoir grand nombre. *Il rêve.* Je connois pourtant bien des gens de toute eſpece…. J'y ſuis : je vois d'ici tout mon monde. Monſieur, je ferai vôtre affaire. Quelle heure eſt-il bien à preſent ?.. Il approche de neuf heures … Oh bien, avant qu'il en ſoit deux, vous aurez plus d'un bon ouvrier. J'avertirai en paſſant le Rotiſſeur de vous envoyer à dîner à onze heures au plus tard. En attendant, venez vous ſoûtenir par une priſe de Chocolat, que je vous ai préparée.

M. DE BONNEFOY.

Cela eſt bien penſé. Mais penſe encore plus à réuſſir dans nôtre affaire.

Fin du premier Acte.

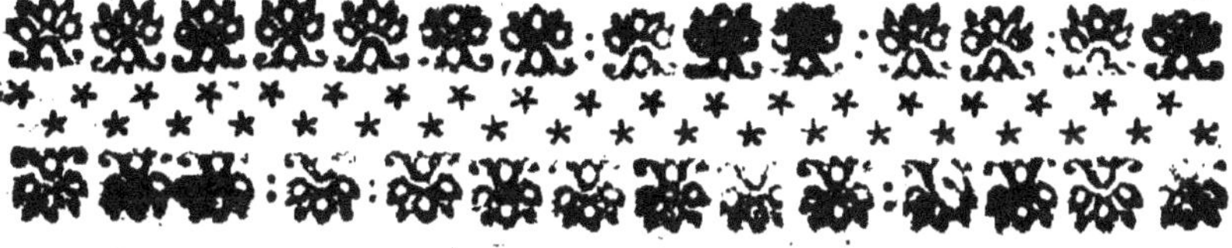

ACTE II.

SCENE PREMIERE.

M. DE BONNEFOY *Seul.*

Deux mille livres de M. le Comte ; six cens livres que je reçûs hyer de Madame la Presidente ; quatre cens livres que Madame la Marquise m'envoya il y a huit jours : voilà mille écus. Nous pourrons à present fournir à Monsieur du Sault des malades & des convulsionnaires à souhait. Nos affaires ne sçauroient mal tourner.

SCENE II.

M. DE BONNEFOY, UN CARDEUR.

LE CARDEUR.

Bonjour , Monsieur.

M. DE BONNEFOY.

Que veux-tu mon ami ?

LE CARDEUR.

C'eſt que , c'eſt ma femme qui a été muette pendant huit jours par vôtre ordre.

M. DE BONNEFOY.

C'eſt ta femme ! Eh bien , que demande t-elle pour cela ?

LE CARDEUR.

Elle dit comme ça , que vous ſçavez bien ce que ça vaut.

M. DE BONNEFOY.

Tiens , ſeras-tu content ? voilà un écu.

LE CARDEUR

Combien , Monſieur ?

M. DE BONNEFOY.

Un Ecu.

LE CARDEUR.

Un Ecu ?

M. DE BONNEFOY.

Oui , un Ecu ; & c'eſt aſſurément la bien payer.

LE CARDEUR.

Pardié vous n'y penſez pas.

M. DE BONNEFOY.

Si vrayement j'y penſe.

LE CARDEUR.

Que diable , vous êtes bien drôle ! ſçavez-vous bien que ma femme ſera malade plus de deux mois de ce qu'elle vient de faire , & qu'elle eſt étendue tout de ſon long dans ſon lit ? Elle a mordienne eu tant de peine à faire la muette ,

qu'elle

.qu'elle en a gagné la fievre. Jarnie, avec vôtre Ecu, aurai-je seulement de quoi lui faire des boüillons ? Je crois que vous vous mocquez ; c'est bien comme ça qu'on paye les ouvriers.

M. DE BONNEFOY.

Ta femme, est malade, dis-tu. Et de quoi donc ?

LE CARDEUR.

De quoi ma femme, Monsieur, c'est une femme qui n'aime qu'à parler ; & elle est plus malade a avoir passé huit jours à être muette, que si elle avoit passé six mois à n'avoir que du pain & de l'eau à moitié son saoul.

M. DE BONNEFOY.

Enfin, mon ami, si ta femme avoit tant de peine à faire la muette, elle n'avoit que faire d'accepter la commission : on en auroit trouvé d'autres.

LE CARDEUR.

Je vous défie d'en trouver une dans tout nôtre Faubourg qui soit autrement.

M. DE BONNEFOY.

Oh, je t'en prie ne m'étourdis pas davantage

LE CARDEUR.

Je vois bien qu'il faut vous taxer. Oh bien donc, écoutez moi. Vous me ferez, s'il vous plaît, guerir ma femme ; & vous lui donnerez pour le tems qu'elle a perdu à être muette, & pour celui qu'elle va

C

perdre dans son lit , vingt-cinq francs : on ne peut vous quitter à moins.

M. DE BONNEFOY.

Je voy bien que si je veux être débar-rassé de toy, il faut que je te fasse mettre à la porte. Un moment en fera l'affaire, François, es-tu de retour.

SCENE III.

M. DE BONNEFOY,
LE CARDEUR, FRANÇOIS.

FRANÇOIS *sans paroître.*

JE ne fais que d'arriver , je mange un morceau.

M. DE BONNEFOY.

Quitte tout , & vien me mettre à la porte cét insolent.

FRANÇOIS. *Il paroit avec un bâton.*

Dequoi donc s'agit-il ? Est-ce que ce manant vous insulte ? Hors d'ici , ma-rault , ... *Il le frappe.*

LE CARDEUR.

Eh , Monsieur François , écoutez-moi seulement un moment , Monsieur François.

FRANÇOIS.

Il n'y a point de M. François qui tien-ne. Il faut entrer de hors. Hors d'ici , Coquin, *Il continuë de le frapper.*

LE CARDEUR.

M. François , que je vous dife. C'eſt que...

FRANCOIS.

C'eſt que , c'eſt que , c'eſt qu'il faut que tu ſortes. *Il le jette à la porte.*

SCENE IV.

M. DE BONNEFOY, FRANCOIS.

FRANCOIS.

QUe vouloit donc ce mal peigné. Vous inſultoit-il en effet ?

M. DE BONNEFOY.

Ce drôle : Parce que ſa femme a fait la muette pendant huit jours , il me deman- de vingt-cinq livres ; & il veut que je la faſſe guerir d'une fievre qu'elle a gagnée à faire ce perſonnage.

FRANCOIS.

Elle a gagné la fiévre ? L'hiſtoire eſt plaiſante !

M. DE BONNEFOY.

Il le dit : ſçavoir ce qui en eſt.

FRANCOIS.

Pour moi , je le croirois bien. Une fem- me être muette huit jours ! Cela eſt ſans exemple : Cependant il demandoit un peu trop. Combien lui avez-vous donné ?

M. DE BONNEFOY.

Je lui ai donné un Ecu.

FRANCOIS.

Un Ecu ? Ah en bonne conscience, Monsieur, ce n'est pas assez. Mais laissez moi faire : je le contenterai dès ce soir ; Il ne faut pas qu'il aille dire aux autres, qu'on l'a mal payé, & battu par-dessus le compte : nous gâterions nos affaires.

M. DE BONNEFOY.

Aux autres, dis-tu. Tu en as donc déja trouvé d'autres ?

FRANCOIS.

Oui, & bien plus que je n'esperois. Vous verrez.

M. DE BONNEFOY.

Que tu es un brave garçon.

FRANCOIS.

Mais venons au fait. M. le Comte * vous a-t-il envoyé les mille francs ?

M. DE BONNEFOY.

Pas encore : mais c'est comme si je les avois.

FRANCOIS.

Bon Dieu, que nous allons faire sauter de monde aux dépens de M. le Comte. Voilà un homme tel qu'il nous le faut.

M. DE BONNEFOY.

Il n'est pas le seul : & quand même je ne toucherois pas aujourd'hui ses mille

* A ces mots Picard arrive ; & comme il entend parler de son Maî-tre, il se retire pour écouter ce qu'on en dit.

francs, je ne ferois pas court pour cela. Mais di-moi, combien as-tu d'ouvriers pour ce foir ?

FRANCOIS.

Que fçaï-je ? Environ une vingtaine, tant hommes que femmes, filles & enfans. Eftes vous content ?

M. DE BONNEFOY.

Et tu crois qu'ils réüffiront ?

FRANCOIS.

J'ay trop bien pris mes mefures, pour que tout n'aille pas comme il faut. Premierement, j'ay eu la précaution d'achepter du vif-argent : cela nous fera d'une grande utilité pour les Convulfions. En fecond lieu, j'ay marqué pour pfalmodier les femmes & filles qui m'ont paru avoir le plus de voix. J'en ai choifi d'autres pour crier miracle, quand on leur donnera le fignal. Le refte de mon monde fera malade & imitera les contorfions de M. du Sault. Les uns feront paralytiques, les autres fourds, ceux-ci muets, ceux-là boitteux. Certains tomberont du mal caduc, & quelques autres feront aveugles & hydropiques. A propos d'hydropiques, nous en avons une qui fera des merveilles ; & qui par-deffus le miracle, s'offre de donner une piftolle.

M. DE BONNEFOY.

Il nous en faudroit beaucoup de cette forte.

B iij

FRANÇOIS.

Avec le tems nous en aurons plus d'une. Voici le fait. C'est une fille qui est accouchée depuis environ trois semaines. Pendant sa grossesse, elle s'est fait passer pour hydropique. Elle le paroit encore à la faveur des guenilles dont elle s'entortille. Je l'ay trouvée par hazard dans une maison, où j'allois faire recruë. Comme je sortois, elle ma suivi, & m'a dit à l'oreille que, si on vouloit lui laisser faire un miracle, elle donneroit une pistolle. Elle ma tout conté, nous sommes convenus de nos faits, le miracle est immancable.

M. DE BONNEFOY.

Comment cela ?

FRANÇOIS.

Je vous ai dit qu'elle n'est plus grosse que de guenilles. Ces guenilles ne tiendront presque à rien ; & tandis qu'elle se débattra, car elle aura aussi des Convulsions, les guenilles tomberont toutes le long de ses juppes, sans qu'on puisse rien voir, sinon qu'elle sera tout à coup desenflée. Alors Dieu sçait comme nous crierons miracle.

M. DE BONNEFOY.

C'est à faire à toi à faire des Miracles. Cette pistolle , garçon , sera pour toi. Mais quand viendra donc ton monde ?

F R A N C O I S.

Il n'y a pas encore de tems perdu ; & je les crois à prefent prefque tous affem- blez ici près.

M. DE BONNEFOY.

Ecoutes, François, ai foin que les fem- mes demeurent dehors.

F R A N C O I S.

Oüi , Monfieur , je fçai trop qu'il n'entre chez vous que des Dames de diftinction.

SCENE V.

M. DE BONMEFOY *Seul.*

QUe ce François eft un bon domefti- que ! qu'il eft adroit ! Oüi , c'eft le garçon le plus entendu que je connoiffe. Il penfe à tout , il prévoit tout ; & quand.... *Picard paroit.*

SCENE VI.

M. DE BONNEFOY , PICARD.

P I C A R D.

MOnfieur , c'eft de la part de M. de Reinville , qui vous envoie le fac de mille francs , dont il vous a parlé ce matin.

C iv

M. DE BONNEFOY.

Que de saints Ecclesiastiques, que de pauvres fidéles vont être secourus ! Assurez-le, je vous prie, de mes respects.

PICARD.

Je n'y manquerai pas, Monsieur.

SCENE VII.

M. DE BONNEFOY, FRANCOIS UN PEINTRE, UN FRUITIER, UN CHARBONNIER, UN CROCHETEUR, UN PORTEUR D'EAU.

FRANCOIS.

Monsieur, tout mon monde est arrivé. Entrez, Messieurs, entrez.

TOUS ENSEMBLE *à M. de Bonnefoy*

Monsieur, vôtre serviteur.

M. DE BONNEFOY.

Avancez Messieurs, avancez. Sans doute François vous a dit ce dont il est question.

FRANCOIS.

Oüi, Monsieur. Il ne s'agit plus que d'assigner les personnages, & de convenir du prix. Et vous, Messieurs, ne soyez pas trop chers : on est ici payé argent comptant.

M. DE BONNEFOY.

Sur ce pied là ne perdons point de tems.
Voyons Monſieur, *au Peintre*. Quelle maladie aurez-vous ?

LE PEINTRE.

Je ſerai paralytique d'un bras , ſi vous
le trouvez bon ; & par-deſſus cela j'aurai
des Convulſions , comme on n'en a pas encore vû.

FRANÇOIS, *à M. de Bonnefoy.*

Voilà bien nôtre affaire. Je doute fort
qu'il égale M. du Sault.

M. DE BONNEFOY , *au Peintre.*

Que demandez-vous pour cela ! Il faut
repreſenter pendant une heure.

LE PEINTRE.

Pour ne pas vous ſurfaire , mon dernier mot , c'eſt un écu chaque fois.

M. DE BONNEFOY.

Eſt-ce trop , François ? Voi , fai le prix
avec ces Meſſieurs.

FRANÇOIS.

Une heure de Convulſions , quand elles
ſont bien faites , vaut bien un écu.

M. DE BONNEFOY , *au Peintre.*

N'avez-vous perſonne avec vous ?

LE PEINTRE.

J'ay une ſœur, deux couſines , & trois
voiſines. Elles ſont marquées pour pſalmo-
dier : elles ont de la voix.

M. DE BONNEFOY, *à François.*

Elles sont les seules qui psalmodieront:

FRANÇOIS.

C'est tout autant qu'il en faut. Car elles n'auront pas plûtôt commencé, que plusieurs des assistans les suivront, comme on fait à Vêpres.

M. DE BONNEFOY.

Qu'est-ce que tu crois que cela vaut?

FRANÇOIS.

Cela vaut par personne trente sols par jour.

M. DE BONNEFOY.

Ecris donc: A M. le Peintre un écu chaque fois pour être une heure paralytique, & faire pendant ce tems-là des contorsions surprenantes. Plus à chacune des six femmes qui psalmodieront, trente sols par jour.

Il s'adresse au Fruitier. Et vous, mon ami, quel sera vôtre mal?

LE FRUITIER.

Celui que vous voudrez.

M. DE BONNEFOY.

Serez-vous bien sourd des deux oreilles?

LE FRUITIER.

Volontiers, ça n'est pas difficile.

FRANÇOIS.

Dès qu'on vous parlera, vous crierez: Je suis sourd des deux oreilles depuis six mois.

LE FRUITIER.

C'eſt bon.

FRANCOIS.

Oüi, mais ce n'eſt pas tout. Il faudra encore faire le plus de contorſions que vous pourrez.

LE FRUITIER

Oh, je ſçai bien : vrayment c'eſt là le principal.

M. DE BONNEFOY.

Il faudra que chaque jour vous reſtiez deux heures au Tombeau. Que demandez-vous pour cela ?

LE FRUITIER.

Je m'en rapporte à M. François : car j'ai l'honneur de le connoître pour un honnête homme.

FRANCOIS.

Mais comme vos contorſions ne ſeront pas à beaucoup près ſi bien-faites que celles de Monſieur ; *il montre le Peintre*, vous n'aurez chaque fois que quarante cinq ſols.

M. DE BONNEFOY.

Cela ſuffit. Vôtre femme eſt-elle avec vous ?

LE FRUITIER.

Je ſommes toute nôtre famille, ſçavoir moi, ma femme, une tante à ma femme, & ma petite fille. Ma femme, ſi vous voulez ſera muette.

FRANCOIS.

Elle prend là un personnage bien difficile. Les femmes ont la rage pour faire les
muettes ; & dès qu'elles ne parlent plus,
elles font malades à mourir. Enfin c'eft
fon affaire. Car écoutez donc ; fi elle eft
malade , ce fera fur fon compte.

LE FRUITIER.

Oh mais j'entends , elle ne fera jamais
muette qu'un demi jour de fuite ; & en
tout tems elle aura une hanche déplacée
& boittera. Pour fa tante , comme elle eft
vieille , elle fera affife fous les charniers ,
tremblera la fiévre , & fera des grimaces.
Ma petite fille fe roulera par terre , criera,
arrachera fes cornettes , & aura été malade dès le berceau. Voilà ce que je pou-
vons faire pour vôtre fervice.

FRANCOIS.

Vôtre femme , fa tante , & vôtre petite
fille , gagneront par jour l'un portant l'autre cinquante cinq fols.

M. DE BONNEFOY, *à François.*

Ecri donc.

FRANCOIS.

J'écris en abregé. Puis je mettrai au net,
& ne croyez pas que j'oublie rien.

LE FRUITIER.

Ma femme dira-t-elle auffi qu'elle eft
muette depuis fix mois ?

FRANCOIS.
Qu'elle s'en garde bien.
LE FRRUITIER.
Je n'y pensois pas. Pardié, je suis un grand sot.
M. DE BONNEFOY. *Au Charbonnier.*
Et vous, mon ami, que ferez-vous ?
LE CHARBONNIER.
Je serai boitteux de la jambe droite.
FRANCOIS.
Vous ferez vous deux, vous & M. du Sault, un homme bien campé surles jambes.
M. DE BONNEFOY.
Allons, François : nous n'avons pas le tems de rire. *Au Charbonnier,* N'aurez vous que ce mal là ?
LE CHARBONNIER.
Je serai encore, si vous voulez, un peu hydropique.
M. DE BONNEFOY.
Volontiers : mais le principal, ce sont les contorsions. Croyez-vous y réüssir ?
LE CHABONNIER.
Je ne vous réponds pas de si bien faire la premiere fois.
FRANCOIS.
J'y pourvoirai, & je sçaurai bien vous faire remuer d'importance avec mon vif-argent.
LE CHARBONNIER.
J'ay ma fille. Si vous voulez, elle sera

bossuë, & fera des contorsions, qui feront
peur. C'est à faire à elle*: mais aussi, elle
veut qu'on la mette sur la Tombe.

M. DE BONNEFOY.

On l'y mettra. Mais outre les bonds,
qu'elle fasse aussi des grimaces de plus
d'une forte : elle n'y restera que trois quarts
d'heure.

FRANÇOIS.

Elle gegnera chaque fois quarante cinq
fols. Pour vous, on vous demande trois
heures par jour ; & pour cela, vous aurez trente fols. J'ajoûterai quatre francs
chaque fois pour sa femme, sa sœur, sa
niéce, une petite fille, & un petit garçon
qui crieront miracle de demie heure en demie heure.

LE CHARBONNIER.

Ce n'est pas trop.

FRANÇOIS.

C'est ce que cela vaut. N'auront-ils pas
grand mal à crier miracle !

M. DE BONNEFOY, *au Crocheteur.*

Et vous, mon ami, quelle sera vôtre
maladie ?

LE CROCHETEUR.

Attendez que j'y pense. Mais quelle necessité y a t-il que je fois malade ? Parbleu, selon ce que M. François m'a dit,
le principal est de faire des contorsions. Oh
c'est moi qu'il faudra voir ! Je veux mor-

dienne faire peur aux plus hardis , & je ferai plus méchant qu'un diable.

FRANÇOIS.

Doucement donc. Eft-ce qu'on parle comme cela devant Monfieur de Bonnefoy ?

LE CROCHETEUR.

Ah , M. de Bonnefoy , excufez s'il vous plaît : c'eft que nous autres , je fommes un peu grofliers , & je n'y prenons pas garde de fi prés.

M. DE BONNEFOY.

C'eft un defaut d'éducation. Ça, prenez une maladie.

LE CROCHETEUR.

Eh bien , puifqu'il le faut , je ferai... Qu'eft-ce que je ferai ? je ferai aveugle des deux yeux.

FRANÇOIS.

Sur tout, force Contorfions.

LE CROCHETEUR.

Pour ce qui eft de ça , on n'a que faire de me rien dire. Mais il me faut aprés cét ouvrage dequoi bien boire ; & à moins d'un écu par fois , car je ferai trois heures , je ne fais rien.

M. DE BONNEFOY

Vous l'aurez. Avez-vous quelqu'un avec vous ?

FRANÇOIS.

Il eft tout feul de fa bande.

LE CROCHETEUR.

J'en ferai bien autant que six autres.

FRANÇOIS

Quel homme ! C'eſt un autre Michel Morin.

LE CROCHETEUR

Oh Dame , c'eſt que je ne me mouche pas du pied.

FRANÇOIS.

Il y paroit ſur ſa manche.

M. DE BONNEFOY *à François*

Mais tai toi donc , & continuë d'écrire. Il ne reſſe plus que vous , mon ami , *au porteur d'eau.* Eh bien , quel mal aurez-vous ?

LE PORTEUR D'EAU

J'aurai le mal caduc.

M. DE BONNEFOY.

Cela eſt bon.

FRANÇOIS.

Vous n'oublierez pas les contorſions.

LE PORTEUR D'EAU

Sans me vanter j'en ferai tout auſſi-bien qu'un autre.

FRANÇOIS.

Vous ne me paroiſſez pourtant gueres dégagé.

M. DE BONNEFOY.

Combien êtes vous {de vôtre bande ?

LE PORTEUR D'EAU.

Je ſommes trois , ſçavoir ma femme ,

&

& mon petit garçon. Ma femme aura la fiévre quarte, & mon petit garçon, la defcente. A l'égard des contorfions, je leur apprendrai bien-tôt à en faire.

FRANÇOIS.

Fort bien : vous travaillerez deux heures chaque fois, & vous aurez pour vous trois, trois livres dix fols.

M. DE BONNEFOY, *à François.*

Ecri. Bon, pour les trois enfemble à chaque affiftance trois livres dix fols. Voilà donc tout arrêté ? Mais, je vous repéte, qu'on n'épargne pas les contorfions : & quand on vous regardera, redoublez vos efforts. François, M. l'Abbé ne paroitra gueres qu'à quatre heures. Ainfi, tu pourras faire mettre fur la Tombe en arrivant la jeune Charbonniere ; après elle l'hydropique que tu fçais, & en fuite M. le peintre. Pour les autres, ils n'auront qu'à fe répandre fous les Charniers, ou dans les coins du Cimetiere, pour n'empêcher pas le monde d'approcher du Tombeau. Et vous reviendrez tous ici pour recevoir huit jours d'avance. Allez, mes enfans, faites des merveilles. François, qu'on ne s'en dorme pas à crier Miracle.

FRANÇOIS.

Repofez vous fur moi.

TOUS ENSEMBLE *à M. de Bonnefoy*

Monfieur, vôtre ferviteur.

D

M. DE BONNEFOY.

François, François, n'oublies tu pas ton vif-argent ?

FRANCOIS.

Je l'ai dans ma poche, & je sçaurai m'en servir. Je vous promets qu'ils saulteront de la bonne façon.

M. DE BONNEFOY.

Tranquillisons-nous. Voila nos affaires en bon train. M. du Sault peut tarder, tant qu'il luy plaira, de guerir. Nous luy fournirons du monde à nôtre choix. Il est tems de prendre un moment de sommeil, nous nous sommes couchez hier un peu tard, & levez aujourd'huy un peu matin. Je n'en puis plus.

Fin du second Acte.

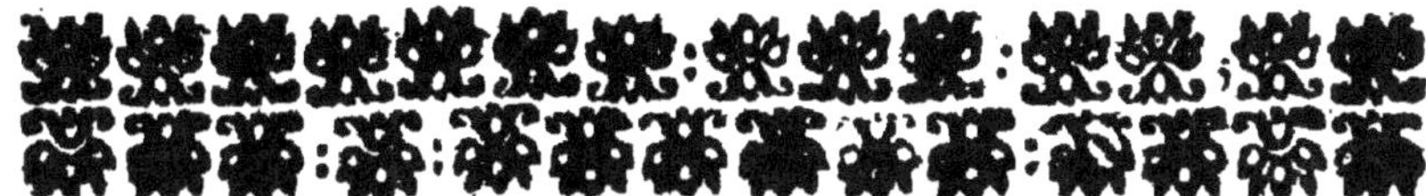

ACTE III.

SCENE PREMIERE.

M. LE COMTE *seul.*

QUe Dieu fait éclater la gloire de son serviteur ! que pouront dire desormais les Molinistes, en voyant cette foule de Malades recevoir au Tombeau du Saint les mêmes graces que M. du Sault ? Enfin les voilà confondus : Soyez-en beni à jamais, Seigneur. Mais pourquoi tarder plus long-tems à aller être témoin de tant de merveilles ?

SCENE II.

M. LE COMTE, PICARD.

PICARD.

JE vous cherche, Monsieur, de tous côtez.

M. LE COMTE.

Qu'y a-t-il donc de nouveau ?

PICARD.

J'ai des chofes importantes à vous apprendre.

M. LE COMTE.

N'eft-ce point que quantité de Malades...?

PICARD.

M. de Bonnefoy ...

M. LE COMTE.

Le pauvre homme fe trouve-t-il mal?

PICARD.

Monfieur de Bonnefoy vous en impofe.

M. LE COMTE.

Que dis-tu là ?

PICARD.

Vos mille francs ....

M. LE COMTE.

Les a-t-il refufez ?

PICARD.

Il n'avoit garde vraiment.

M. LE COMTE.

Que veux-tu donc dire ?

PICARD.

Vos mille francs fervent à toute autre chofe qu'à ce que vous penfez.

M. LE COMTE.

Ils fervent à foulager les fidéles d'Utrecht, & les pauvres Ecclefiaftiques privés d'employ en France.

PICARD.

M. de Bonnefoy penfe bien à eux!

M. LE COMTE.

Quel autre ufage veux-tu qu'il en faffe ?

PICARD.

M. de Bonnefoy avec vos mille francs loüé des gens pour fe dire malades au Tombeau de M. de Paris, & pour imiter les Convulfions de Monfieur du Sault.

M. LE COMTE.

Cela n'eft pas poffible ?

PICARD.

Cela eft vrai cependant.

M. LE COMTE.

Ce font là de ces bruits que répandent les Moliniftes.

PICARD.

Non, Monfieur, je fçai certainement ce que je vous dis.

M. LE COMTE.

Tu fçais certainement que M. de Bonnefoy loüé des gens pour faire les Malades, & pour faire des Convulfions ?

PICARD.

Oui, Monfieur, je le fçai certainement.

M. LE COMTE.

Quelles preuves peux-tu apporter de ce que tu avance ?

PICARD.

Quelles preuves ! faites-moi feulement l'honneur de m'écouter. Comme j'entrois chez M. de Bonnefoy, pour lui mettre en main vos mille francs, j'ai entendu qu'on parloit de vous. Curieux de sçavoir ce que l'on en difoit, je me fuis tapi dans un coin à côté de la porte, d'où je pouvois tout entendre fans être vû...

M. LE COMTE.

Eh bien qu'as-tu entendu ?

PICARD.

Ce que j'ai entendu ? Vous allez en être furpris. François s'eft écrié tout à coup : Que nous allons faire danfer de monde aux dépens de M. le Comte ? Je me fuis tenu clos & couvert, pour luy laiffer tout dire, & j'ai entendn qu'il parloit à M. de Bonnefoy de gens qu'il avoit arrêtés pour faire les malades, & pour avoir des Convulfions comme Monfieur Du Sault. Les uns, difoit-il, feront Paralytiques, les autres Boiteux, quelques-uns Muets, ceux-ci Sourds, ceux-là Aveugles, & tous feront des Contorfions. Il luy difoit auffi qu'il en avoit marqué pour crier, Miracle ; & quelques Femmes pour pfalmodier. Connoiffez-vous maintenant vôtre Monfieur de Bonnefoy ?

M. LE COMTE.

Et ce que tu me dis là, eft bien fûr !

PICARD.

Sûr comme il eft fûr que je fuis Picard, & que j'ai deux oreilles.

M. LE COMTE.

Mais ayant tout entendu, devois-tu donner mon argent ?

PICARD.

J'ai fait une fottife , je l'avouë ; mais j'êtois fi perdu de ce que je venois d'entendre , que je ne penfois à rien: Aprés tout, vous y gagnerez n'étant plus la duppe de tous ces bons Meffieurs.

M. LE COMTE.

M. De Bonnefoy ! M. De Bonnefoy ! Plus j'y penfe , & moins je le crois.

PICARD.

J'oublibis de vous dire encore qu'en fortant de chez Monfieur De Bonnefoy , j'ai vû entrer les gens que François avoit enrôlez : & ce font ceux-là même que j'ai vû au Cimetiere. Car je vous y fuis allé chercher , & j'en fors.

M. LE COMTE.

La chofe eft claire. Je fuis joué. Quelle impofture ! A quels gens me fuis-je livré !... Abufer ainfi de la Religion ! Seduire les peuples par de faux Miracles ! ... Mais avant que d'éclatter , voyons jufqu'où le Fourbe pouffera la perfidie. *Il frappe à la porte de M. De Bonnefoy.*

SCENE III.

M. LE COMTE,
M. DE BONNEFOY,

M. DE BONNEFOY, *sans paroître.*

Qui va là !

M. LE COMTE.

C'eſt moi, Monſieur.

M. DE BONNEFOY. *Il paroit*

Monſieur, vôtre très-humble ſerviteur.

M. LE COMTE.

Je crois devoir vous faire part de l'agréable nouvelle qu'on eſt accouru m'apprendre. Quantité de malades reçoivent, dit-on, les mêmes graces que M. du Sault.

M. DE BONNEFOY.

Cela eſt-il poſſible ?

M. LE COMTE.

On me l'a aſſuré. Et quoique j'aye été ce matin faire ma priere au Tombeau, j'y retourne, pour être témoin de cette merveille.

M. DE BONNEFOY.

Beniſſons Dieu qui daigne ainſi glorifier ſon ſerviteur.

SCENE IV.

M. LE COMTE, M. DE BONNE-FOY, M. DU SAULT.

M. DE BONNEFOY *à M. du Sault.*

La grande nouvelle, que M. le Comte vient de m'apprendre !

M. DU SAULT.

N'est-ce pas que quantité de malades…

M. LE COMTE.

C'est celà même.

M. DU SAULT *à M. de Bonnefoy.*

Je venois aussi vous en faire part.

M. DE BONNEFOY.

J'en suis comblé de joye.

M. LE COMTE.

Mais voyez la malice des Molinistes. Ils répandent que ces malades sont des gens gagez pour l'être.

M. DU SAULT.

Les calomnies ne coûtent rien à ces Messieurs.

M. LE COMTE, *à M. de Bonnefoy.*

Ils ajoûtent qu'on a vû sortir aujour-d'hui ces malades de chez-vous

M. DE BONNEFOY.

Il est vrai que quelques malades ayant eu recours à moi dans leurs peines, je les

E

ai fort exhortés d'avoir recours au Bienheureux de Paris.

M. LE COMTE.

Voilà comme on empoisonne les plus
innocentes démarches. Mais je vais voir de
mes yeux & admirer ces prodiges.

SCENE V.

M. DE BONNEFOY,
M. DU SAULT, PROVENÇAL.

M. DE BONNEFOY.

Depuis long-tems les Molinistes mettent tout en œuvre pour détacher de
nous M. le Comte. *Provençal entre.*

PROVENÇAL à *M. du Sault.*

Oh, Monsieur, la bonne nouvelle !

M. DU SAULT.

Je sçai ce que tu veux dire.

PROVENÇAL.

On n'osera plus épiloguer sur vos Convulsions. Les contorsions bien faites ! Mon
Dieu, que ceux, qui ont trouvé cét expé-
dien, ont d'esprit. Je ne sçai combien de
dévotes pleurent de joye.

M. DE BONNEFOY.

Leurs Convulsions approchent-elles de
celles de Monsieur ?

PROVENCAL.

Si elles en approchent ? Je crois bien vrayement. Imaginez-vous qu'ils font peur à tout le monde.... *A M. du Sault.* Ne venez-vous pas, Monsieur ? Il est à peu près vôtre heure.

M. DE BONNEFOY. *Il regarde sa montre.*

Il est quatre heures. Partez, Monsieur, ne tardez pas davantage.

M. DU SAULT.

Déja quatre heures ! *Il sort avec empresse-ment.*

PROVENCAL, *en le suivant.*

Vous verrez si j'exagere les choses. Car non, c'est que.... allez vous verrez que c'est à faire à eux.

SCENE VI.

M. DE BONNEFOY.

SUr ce pied là M. du Sault doit être content. Au reste, il falloit cela pour bien faire. Il étoit au fond surprenant qu'il fût le seul qui eut des Convulsions.... Qui va là ?...

SCENE VII.

M. DE BONNEFOY, FRANCOIS

FRANCOIS.

C'Eſt moi, Monſieur.

M. DE BONNEFOY.

Tu reviens de bonne heure.

FRANCOIS.

C'eſt pour vous informer du ſuccès ; Oh que cela va bien ! Tous nos gens font des merveilles. Les contorſions ſont parfaites ; qu'ils étoient bien exercés ! on ne ceſſe preſque point de crier miracle, miracle : le public eſt dans l'admiration. On entend dire de côté & d'autre : Enfin les Moliniſtes ſont à bas. Quelque fois on s'écrie: *Bienheureux Paris, priez pour nous. Grand Saint, faites triompher la verité.*

M. DE BONNEFOY.

Tu me cauſes une joye inconcevable !

FRANCOIS.

Un Capucin par hazard c'eſt aviſé de venir montrer le nez, & de lâcher quelques mots de travers. Mais je n'ai pas eu plûtôt fait ſigne à mes crieuſes de miracles, qu'en un inſtant on lui a arraché la moitié de la barbe. Je ne crois pas qu'il s'y refrote, à moins qu'il ne veuille avoir toute la barbe faite.

M. DE BONNEFOY.

C'est bien à de pareilles gens à venir critiquer les autres ! Ça puisque te voilà de retour, passe dans mon Cabinet, & sup- pute ce qu'il faudra donner à tes gens. Tu trouveras dans le tiroir de ma table un sac d'argent blanc & de la monnoye. Prends- y ce qu'il te faudra, & tiens les retributions toutes prêtes.

FRANCOIS, *en sortant.*

Cela va être fait.

M. DE BONNEFOY.

Tu ne sçais point, François. M. le Comte vient de me faire part des mer- veilles qui s'operent au Tombeau.

FRANCOIS, *sans paroître.*

Comme il les paye, il est juste qu'il soit des premiers à les sçavoir.

M. DE BONNEFOY.

Mais je suis surpris qu'il en soit déja instruit. Car il demeure assez loin sur la Paroisse de saint Severin. Avant la nuit, cela se sçaura dans tout Paris. Les Moli- nistes vont être bien sots : il ont déja publié que nos malades sont gagez. Ils ne croyent peut-être pas dire si vray. Mais ils auront beau faire, ce bruit ne leur réussira pas mieux que tant d'autres qu'ils ont déja fait courir. Ils ont grande envie de nous enlever M. le Comte : c'est luy,

je croi, qu'ils font informer le premier
de tous leurs bruits.

FRANÇOIS. *Sans paroître.*

Ce seroit une terrible perte.

M. DE BONNEFOY.

On lui a dit même que tes malades
étoient sortis de chez moi pour aller à saint
Medard. Mais je lui ai domnné le change,
en lui disant que ces gens m'étoient venu
consulter sur leurs maux. Le bon homme
a pris cela pour argent comptant. Mais
n'as-tu pas encore fini ?

FRANÇOIS *sans paroître.*

Un moment ; je suis à l'article du Porteur d'eau.

M. DE BONNEFOY.

Dépêche-toi, & vien un moment me
dire des nouvelles de nôtre hydropique.

FRANÇOIS.

Tout est compté. Tenez, Monsieur,
voilà les payemens. *Il lui donne cinq petits
pacquets.* Nôtre hydropique a fait son miracle avec toute l'adresse possible.

M. DE BONNEFOY.

As-tu sa pistolle ?

FRANÇOIS.

Oh, j'ai eu soin que ce fût là sa premiere
convulsion. Au reste, à une pistolle prés,
voilà une fille bien contente. Elle a de
grandes obligations au Saint. Sans lui, la
pauvre fille ! la mêche se seroit découverte

tôt ou tard. J'espere qu'elle ne sera pas la seule. Nous allons desormais gagner bien des pistolles. Il faut que je retourne : il est à present cinq heures.

M. DE BONNEFOY.

Ai soin qu'on finisse par quelque miracle éclatant.

SCENE VIII.

M. DE BONNEFOY,
M. DU SAULT.

M. DE BONNEFOY.

Vous voilà bien-tôt de retour. Vous n'avez donc pas saulté ?

M. DU SAULT.

Non, je me suis contenté de voir vos Acteurs, & j'en suis charmé. Vous avez sur tout le Peintre ! Il est incomparable. Il fait tourner sa tête comme sur un pivot ; & cela avec tant de vîtesse, que les yeux ont peine à en suivre le mouvement.

M. DE BONNEFOY.

Je suis ravi que vous soyez content.

M. DU SAULT.

Mais je fais une reflexion.

M. DE BONNEFOY.

Quelle est-elle ?

M. DU SAULT.

C'est que les Molinistes pour confirmer le bruit qu'ils ont déja fait courir, ne manqueront pas de faire remarquer que nos malades sont tous gens de la populace, & propres à être séduits par argent.

M. DE BONNEFOY.

N'est-ce que cela qui vous inquiette ? Ne sçait-on pas que c'est aux petits selon les hommes, que Dieu se communique plus abondamment ? Et puis, croyez-vous qu'insensiblement nous ne sçaurons pas engager quelques personnes même de distinction à faire des convulsions ? Allez, Monsieur, tranquillisez-vous de ce côté là.

SCENE IX.

M. DE BONNEFOY,
M. DU SAULT, PROVENCAL.

PROVENCAL, *à M. du Sault.*

JE viens de vous chercher au Tombeau : je ne sçavois ce que vous étiez devenu. Il y a un Medecin au logis, qui vous apporte je ne sçai quelle drogue, pour mettre sur vôtre jambe.

M. DE BONNEFOY.

Allez donc, & ne négligez rien pour vôtre guerison.

SCENE X.

M. DEBONNEFOY, FRANÇOIS, LE PEINTRE ; LE FRUITIER, LE CHARBON-NIER , LE CROCHETEUR , ET LE PORTEUR D'EAU.

M. DE BONNEFOY, *à François.*

TU reviens bien vîte.

FRANÇOIS.

Comme je men retournois , j'ai trouvé tout mon monde en chemin.

TOUS ENSEMBLE *à M. de Bonnefoy*

Monsieur , vôtre serviteur.

M. DE BONNEFOY.

J'apprends de toutes parts que vous avez tous fait vôtre devoir : vous surtout , *en s'adressant au Peintre.*

LE PEINTRE.

C'est une preuve que je ne promets que ce que je sçai faire.

LE CROCHETEUR *à M. de Bonnefoy.*

Et de moi ne vous a-t-on pas aussi bien parlé ? j'ay fait fuir à ma part six femmes , & deux Abbés tout à la fois. Jarni , c'est que j'y allois d'une terrible façon. Je me débattois comme un possedé. Aussi ma foi

je fuis bien fatigué. On n'aura que faire
de me bercer pour dormir.

LE CHARBONNIER.

Pour moi , ce pefte de vif-argent m'a
fait fauter plus que je n'aurois voulu.

LE FRRUITIÉR.

Je trouve que ce métier eft bon pour
l'hyver : on y eft bien-tôt échauffé.

FRANCOIS.

Je réponds bien que , quand il fera
froid , je ne ferai pas fi fot que de me
laiffer geler à vous regarder faire. Je me
mettrai à faulter comme les autres ; &
comme ma plus grande maladie fera le
froid , mon miracle fera bien-tôt fait.

LE PORTEUR D'EAU

J'ay mieux fait moi au commencement
qu'à la fin.

M. DE BONNEFOY.

Je fuis content de tous.

FRANCOIS.

Il y a pourtant cette vieille qui étoit
affife fous le Charnier , qui ne faifoit pas
des mieux.

LE FRUITIÉR.

C'eft la tante de ma femme : Il faut ex-
cufer , elle a bien de l'âge.

FRANCOIS,

Oh bien , il faut donc qu'elle fe tienne
en repos , & qu'elle n'aille rien gâter.

LE PORTEUR D'EAU *à M. de Bon-*
nefoy.

Avec vôtre permiſſion, Monſieur. Je
ferois curieux d'une choſe. C'eſt qu'il eſt
venu auprés de nôtre petit garçon un Prê-
tre, qui ne ceſſoit de luy dire : *Allons,*
mon enfant, ayez bien de la confiance au bien-
heureux Paris. Allons, mon enfant, vous allez
être gueri. Je croyois moi que les Prêtres
ſçavions bien que je n'étions point malades.

M. DE BONNEFOY *à François.*
De qui donc parle-t-il ?

LE PORTEUR D'EAU.
C'eſt d'un certain grand maigre, qui a
un viſage de plâtre, & qui n'oſe quaſi lever
les yeux. Il ſemble qu'il va manger les
Saints. Il a bien l'air d'un grand Nicodé-
me.

FRANCOIS *à M. de Bonnefoy.*
C'eſt à luy à peindre les gens : il ſçait les
tirer au naturel.

M. DE BONNEFOY *à François.*
Il parle apparemment du bon homme
M. Saint Simplicien.

FRANCOIS.
Tout juſte, c'eſt luy-même.

LE CHARBONNIER, *à M. de Bonnefoy.*

Il faut que je prenne auſſi la liberté de vous demander une choſe. C'eſt que nôtre femme vouloit l'autre jour me ſoûtenir que M. Paris avoit prêche *Ugenitus*.. Ça eſt-il vrai ? Il me ſemble moi avoir entendu dire qu'il étoit pere Quenel.

LE FRUITIER.

Vôtre femme, mon Compere, ne ſçait ce qu'elle dit. Car il eſt certain que M. Paris croyoit le futur Concile, & par conſequent qu'il envoyoit promener *Ugenitus* avec la Conſtitution.

LE CROCHETEUR.

Pardié, vous parlez-là tous deux, comme ſi vous aviez lû dans les gros Livres. Pour moi, je croi que je ne ſerai jamais qu'un Butor. Car j'ai beau entendre parler de toutes ces diableries là, je n'en ſçai pas plus un coup que l'autre.

LE FRUITIER.

Oh ! c'eſt que moi, le Sacriſtain de nôtre Paroiſſe me parle quelquefois de tout ça, & voilà pourquoi je ſommes un peu au fait. Car c'eſt un ſçavant homme ; il lit le plus vîte de tous dans le Livre de la Meſſe.

M. DE BONNEFOY.

Cela suffit. Pensez seulement à réüssir toûjours comme aujourd'hui. Tenez, voilà chacun huit jours d'avance, tant pour vous que pour vôtre Compagnez. Allez vous reposer, & ne manquez pas de vous rendre tous les jours au Tombeau. Quand les huit jours seront finis, vous viendrez chercher la paye des huit jours suivans. Il est inutile de vous demander le secret : vous sentez assez que vôtre interest le demande.

LE CHARBONNIER.

Je serions de grandes bêtes.

TOUS ENSEMBLE, *en se retirant.*

Monsieur, vôtre serviteur.

LE PORTEUR D'EAU.

Ma foy, voilà une bonne journée.

LE CROCHETEUR.

Je vas bien boire à la santé de M. de Bonnefoy.

FRANCOIS, *appercevant M. le Comte.*

Ça, ça, retirez-vous, bon soir.

SCENE XI.

M. DE BONNEFOY, M. LE COMTE, FRANÇOIS, PICARD.

M. DE BONNEFOY.

VOus voilà, Monsieur, bien tard encore dans nôtre quartier ?

M. LE COMTE.

C'eft que je fuis refté aprés les autres quelque tems dans l'Eglife, pour remercier Dieu de la grace qu'il m'a faite en ce jour.

M. DE BONNEFOY.

Auriez-vous reçû les mêmes faveurs du Ciel que ces Malades dont vous m'avez parlé ?

M. LE COMTE.

Non : mais Dieu m'a fait la grace de vous connoître enfin pour ce que vous êtes.

M. DE BONNEFOY, *à Picard.*

De qui Monfieur parle-t-il ?

M. LE COMTE.

De vous-même. Ciel! quelle imposture! Engager par argent des gens à se dire malades, & ne ménager aucunes fourberies pour trouver dequoi fournir à de si criminelles dépenses! Vous reconnoissez-vous à ces traits?

M. DE BONNEFOY.

Non ; Monsieur.

M. LE COMTE.

Dites-moi donc ce que faisoient ici vers une heure, ces prétendus Malades, que je viens de voir sortir de chez vous?

M. DE BONNEFOY.

Ils viennent me remercier de l'avis que je leur ai donné, de recourir dans leurs maux à saint Paris.

M. LE COMTE.

Peut-on pousser la dissimulation jusqu'à ce point! Que vouloient-ils donc dire en se felicitant d'avoir bien gagné leur journée.

M. DE BONNEFOY.

Ils parloient apparemment des graces qu'ils ont reçûës du Ciel au saint Tombeau cet aprés midi.

PICARD.

Ces graces leur suffiront-elles pour boire ce soir à vôtre santé, comme ils se le promettoient?

M. LE COMTE, *à M. de Bonnefoy.*

Vos détours sont inutiles. J'ai d'ailleurs des preuves convaincantes de ce que je vous reproche.

FRANCOIS.

Quoi, Monsieur, vous croiriez M. de Bonnefoy capable de pareils crimes ?

M. DE BONNEFOY.

Qui peut donc m'avoir tant décrié auprés de vous ?

PICARD.

C'est moi, Monsieur, puisque vous le voulez sçavoir. Et ne faites point tant l'assuré, s'il vous plaît. Ouï c'est moi qui ai découvert à M. le Comte vos impostures.

M. DE BONNEFOY.

Mes impostures !

PICARD.

Oui, vos impostures. Vous vous souvenez bien que je vous ai apporté il y a quelques heures les mille francs de M. le Comte ? Eh bien, c'est dans ce moment que j'ai tout découvert. J'étois à la porte à vous écouter, quand François vous parloit des gens qu'il avoit retenus pour faire les Malades au Tombeau de M. Paris, & sur tout pour imiter les Convulsions de M. du Sault. Vous ne pouvez me nier que vous vous promettiez de bien faire sauter du monde avec les mille francs de Monsieur le Comte.

M.

M. LE COMTE.

Ces preuves font-elles convaincantes ?

FRANCOIS, *à M. de Bonnefoy,*
tout bas.

Effectivement c'eft luy que j'ai entrevû dans un coin, comme je fortois.

M. DE BONNEFOY *, à M. le Comte.*

Mais quand tout cela feroit vrai, merité-je le nom d'impofteur ? Cette fainte adreffe , ces pieux artifices ne peuvent être que tres-agreables à Dieu ; puifque ...

M. LE COMTE.

Le fourbe ! Ne veut-il pas encore fe juftifier ?.. Allez, Impofteur, vous ne meritez pas que je m'arrête plus long-tems à vous confondre. Je benis le Ciel de me deffiller enfin les yeux , & de me faire connoître au prix de mes aumônes paffées , par quels Seducteurs eft conduit un Parti que je croyois être celuy de la verité.

SCENE DERNIERE.

M. DE BONNEFOY, FRANCOIS.

FRANCOIS.

Cette journée finit mal.

M. DE BONNEFOY.

Qui pouvoit prévoir un pareil accident ?

FRANCOIS.

Ce Monsieur le Comte n'en reviendra jamais.

M. DE BONNEFOY.

Qu'y faire. Il n'y a point de remede. Cependant ne nous décourageons pas, ai toûjours soin que tes gens reparoissent, & saultent comme si de rien n'étoit. Avant que les mille Ecus que j'ai devant moi, soient épuisez, il se passera du tems ; & en tout cas je sçaurai bien trouver des fonds ailleurs.

FRANCOIS.

Sur ce pied là rassurons-nous, & allons nous-en souper. Aussi-bien n'ai-je presque pas dîné.

Fin du troisième & dernier Acte.

INSRUCTEUR

Des Acteurs du Tombeau de M.
de Paris.